Lebenslänglich auf Bewährung   **g**

GOLLENSTEIN

Wolfgang Eschker

Lebenslänglich auf Bewährung

Gedichte

Prolog
oder
Handreichung in eigener Sache

Wilhelm Busch und Morgenstern –
Ehrlich! Wer liest die nicht gern?

Gern? – Natürlich: Gernhardt, Robert!
Hat die Charts im Flug erobert!

Erhardt, Jandl, Ringelnatz –
halten ihren Spitzenplatz!

Fehlt noch wer?
        – Nicht, daß ich wüßte!
– So!? Dann lies! Ergänz die Liste!

(Meersburg, 1.8.2009)

I

Kollegen und Kupferstecher

Nonsens
ist, wenn's
anders man
nicht sagen will
und sagen kann.

Sokrates,
in der Übersetzung von Schlegel

(Oder war's Hippokrates,
in der von Hegel?)

Den Dichtern ins Stammbuch

Genau genommen und bei Lichte
besehen, scheint doch eines klar:
Wer liest denn heute noch Gedichte!
– Kein Mensch! 's ist traurig, aber wahr.

Ihr Dichter, laßt euch das nicht bieten!
Und lest, kaltblütig-abgefeimt,
dem Volk statt Lyrik die Leviten,
und wenn es sein muß, auch gereimt!

Empfehlung

An seinem Schreibtisch sitzt der Autor
vor dem berühmten weißen Blatt.
An seinem Bleistiftende kaut er:
Ob er nicht was zu sagen hat?

Ich hoffe nicht, – bei aller Liebe,
und sage auch ganz unverblümt:
Schreib lieber gar nichts, denn so bliebe
doch wenigstens dein Blatt berühmt.

Die Recherche

Will sich ein Dichter nicht blamieren,
dann muß er richtig recherchieren.
Und je genauer er das tut,
kommt's ihm und seinem Werk zugut.

Doch kann man alles übertreiben:
Um einen Selbstmord zu beschreiben,
muß man sich ja nicht selbst entleiben.

Auch ist den Dichtern zu mißtraun,
die selbst sich in die Pfanne haun,
nur um zu sehn, was vor sich geht,
wenn uns der Koch ein Schnitzel brät.

Des langen Unsinns kurzer Sinn:
Recherche her, Recherche hin, –
mit Phantasie und etwas Denken
kann man dieselbige sich schenken.

Der Unterschied

Der eine, taub wie ein Eunuch,
schreibt seine Thesen in ein Buch.

Der andre, lauter wie ein Kind,
schreibt sie beizeiten in den Wind.

Testament

Der Dichter hatte nichts zu schreiben,
drum wollte er sich selbst entleiben.
Zuvor jedoch, wie man ihn kennt,
schreibt er korrekt sein Testament.

Er setzt sich nieder, schreibt und schreibt, –
und hat sich erst mal nicht entleibt.

Dann bringt er es gleich zum Notar.
Der liest es und ruft: »Wunderbar!
Ein Testament ist es zwar nicht,
jedoch ein herrliches Gedicht!
Und keine Spur von Schreibblockade!
Mach weiter so! – Es wäre schade!«

Das Halbsonett

Das sogenannte Halbsonett
ist halb so lang und doch komplett.

Beziehungsweise das Quartett
ist reduziert auf ein Duett.

Auch das Terzett ist stark kupiert.
Nur böse Zung

behaupten, es sei amputiert
und nicht gelung.

Anti-Liebes-Sonett

Schreib doch auch du mal ein Sonett!
Du hast noch niemals eins geschrieben,
sprach ich zu mir und stieg ins Bett –
zum hehren Dichten (nicht zum Lieben).

Ich suchte Reime fürs Quartett
(nichts anderes hab ich getrieben)
und kam (!) von A schließlich auf Z
als schlappen Reim für Zeile sieben.

Statt einem Dreier – ein Terzett –
für unsereins die höchste Strafe!
Wenn ich doch endlich Ruhe hätt!

Ich zählte weiter meine Schafe;
schlief ein. – Da ward mein Werk komplett:
Den Seinen gibt's der Herr im Schlafe.

Der Bumerang

War einmal ein Bumerang;
War ein weniges zu lang.
Bumerang flog ein Stück,
Aber kam nicht mehr zurück.
Publikum – noch stundenlang –
Wartete auf Bumerang.

Joachim Ringelnatz

»Heda! Macht mal etwas Platz!«,
ruft Joachim Ringelnatz.
»Ich hol jetzt mit etwas Glück
meinen Bumerang zurück!«

Doch das Glück stellt sich nicht ein.
Publikum fällt noch mal rein.

Daddeldu meets Dabbelju

Kuttel Daddeldu jumpte an Land.

Joachim Ringelnatz

Kuttel Daddeldu
jumpte an Land,
traf Dschordsch Dabbelju,
macht sich bekannt:
»Hi! Ich bin der Daddeldu.
– Nun vertell me: who are you?«

– »Ich? Ich bin Dschordsch Dabbelju…«

– »Wer!?« – Kuttel griff nach seinem Schuh… –

Und Dabbelju verschwand im Nu.

Was weiter mit dem Haar geschah

Logik

Die Nacht war kalt und sternenklar,
Da trieb im Meer bei Norderney
Ein Suahelischnurrbarthaar. –
Die nächste Schiffsuhr wies auf drei.

Mir scheint da mancherlei nicht klar,
Man fragt doch, wenn man Logik hat,
Was sucht ein Suahelihaar
Denn nachts um drei am Kattegatt?

Joachim Ringelnatz

Kommt nun des Nachts *Queen Mary Zwei*
mit ihren Gästen hier vorbei,
dann ruft, obwohl nichts mehr zu sehn,
kein andrer als der Kapitän,
das heißt, was äußerst ungewöhnlich,
es spricht der Käpt'n höchstpersönlich:
»Ladies and Gentlemen, hier war
das mit dem Suahelihaar!«

Dann geht ein Raunen durch die Massen:
Potz Blitz! Man kann es gar nicht fassen.
Das haut den stärksten Seemann um:
»Auf Ringelnatz noch einen Rum!«

Der Rock

Der Rock, am Tage angehabt,
er ruht zur Nacht sich aus.

Christian Morgenstern

Der angehabte Rock hängt schlaff im Schrank
und wartet sehnsüchtig auf seinen Herrn.
»Das Warten«, klagt er, »macht mich noch ganz krank.
Er trug mich doch den Sommer über gern,
mein Herr, der Christian Morgenstern.«

Das war es ja! Er kam nur nicht dahinter:
Er war ein Sommerrock, doch jetzt war Winter.

Morgenstern und der Werwolf

Ein kranker Werwolf kam zum Herrn:
»Kannst du mich nicht kurieren?«
Gott sprach: »Geh hin zum Morgenstern
und laß dich deklinieren!«

Der Werwolf ging zu Morgenstern
(er kroch auf allen Vieren):
»Grüß Gott, ich komm von Gott dem Herrn,
du sollst mich deklinieren!«

Der Dichter hörte sowas gern
und sprach: »Warum auch nicht!«
So kam er, Dank sei Gott dem Herrn,
zu folgendem Gedicht:

»*Der Werwolf*«, Morgenstern begann,
»des Weswolfs, Genitiv sodann,
dem Wemwolf, Dativ, wie mans nennt,
den Wenwolf, – damit hats ein End.«

Na, da hör her!

»Robert«, sprach die Frau Mama
(es handelt sich um Mutter Gernhardt,
die ihren Sohn, wie jede Mutter, gern hat),
»Robert«, so die Frau Mama,
»ich geh fort, und du bleibst da
und beendest dein Gedicht…«

…als er sie schon unterbricht:
»Es ist fertig, bitte sehr!
Bleib nur da und höre her:

›Robert, sprach die Frau Mama…‹«

(Wilsede, 20.8.2008)

Silber

Der Dichterbär fand keinen Reim auf *Silber*.
Er wanderte von Ort zu Ort,
er fragte hier, er fragte dort. –
Bis Robert rief: »Nun sei mal endlich still, Bär!«

(Bovenden, 26.3.2011)

Schneller Reflex

»Ei, eine Dechse!«,
rief mit schnellem Reflexe
Heinz Erhardt ganz keck.

Doch da war sie schon weg.

Prompt

»Machst du mir mal ein Gedicht?«
fragte einer namens Gerhard
den bewunderten Heinz Erhardt.

– »Ein Gedicht? – Warum denn nicht!
– Übrigens, dies ist schon eins!
Und als Autogramm: Dein Heinz.«

Ein Mensch mit Namen Eugen Roth

Ein Mensch mit Namen Eugen Roth
schrieb täglich ein Gedicht. Zur Not
schrieb manchmal er auch deren zwei.

Da wünscht man ihm die Not herbei.

Jandl schippt Schnee

Jetzt lege ich mich hin,
weil ich schläfrig bin.

Ernst Jandl

Ernst Jandl schippte Schnee.
Dann legt er sich zur Ruh.
Doch da kam neuer Schnee
und schneite alles zu.

Als Jandl dann erwacht,
rief er verdutzt: »Ich seh
das Werk, das ich vollbracht,
nicht mehr vor lauter Schnee!«

Jandl hoch zwei

Jandls Frau, die Marie Jandl,
kam aus dem Wachauer Landl
donauabwärts bis nach Wien.
Ahnungslos besucht sie ihn.
Klingelt an des Dichters Tür.
Friederike öffnet ihr:
Wie? Woher? Aus der Wachau?
Und seit Jahren Jandls Frau?!
Jetzt wird mir auf einmal klar,
was das mit dem Lesen war,
sei's in Graz, in Linz…, du bist,
Ernst, im Ernst ein Bigamist!

Schillers Horen

Eunomia, Eirene, Dike –
drei Göttinnen, doch keine Nike!
Denn kaum erschienen Schillers *Horen*,
da hatten sie auch schon verloren.
Drei Jahre nur, dann war'n verschieden
Gerechtigkeit und Ordnung, Frieden.

Friedrich Schiller und Gottfried August Bürger

A. Der Rezensent

Als Rezensent war Friedrich Schiller
ein knallharter Kollegenkiller.

Der arme Bürger samt Lenoren, –
nach Schillers Schrift war'n sie verloren.

Errare, Schiller, est humanum.
Jedoch das Wie war inhumanum.

B. Die Dichter und die Schwestern

Bürger konnte zwischen beiden,
wie man weiß, sich nicht entscheiden.

Schillern ging es auch ums Geld, –
wer da nicht mehr zu Bürgern hält?

C. Balladenhelden

Balladen sind meist hochdramatisch,
Balladendichter oft fanatisch.

Nehmt Bürger oder Friedrich Schiller:
Sie wär'n per se Balladenfüller.

Die Knolle

Der Protz mit dunkelroter Nase
Beim elften oder zwölften Glase.

Wilhelm Busch

Onkel Wilhelm seine Olle
ärgert dessen rote Knolle.

»Die stammt«, schimpft sie, »vom roten Wein!«

– »Na gut, dann schenk mir weißen ein!«

Reden ist Silber

Zum vierten ist es kein Verbrechen,
Den Mund zu öffnen, um zu sprechen.

Wilhelm Busch

Es ist bekanntlich kein Verbrechen,
den Mund zu öffnen, um zu sprechen.
Wir überlassen es dem Feigen,
den Mund zu schließen, um zu schweigen.
Selbst wenn sein Schweigen Goldes wert, –
auch Silber wäre nicht verkehrt.

Der cherubinische Wandersmann gelangt am 9. November 1989, aus östlicher Richtung kommend, an die Berliner Mauer

1. Mensch, werde westlich, denn: im dunkelroten Osten
   wirst du, glaub mir, sobald nicht Gottes Segen kosten

2. Im Osten geht sie auf; im Westen geht sie unter.
   Politisch umgekehrt! – Sieh, Gottes Sonnenwunder!

3. Herr, du bist groß: Dein Werk geht nie und nimmer
                              unter!
   So Du nur willst, es liest Dein Volk
                      statt ›Wunder‹ – ›Wunter‹.

4. Was für ein Werk, mein Gott, ist diese hehre Mauer!
   Kein Wunderwerk! Davor kommt mir der kalte Schauer

5. O tempora mutantur! Bleib nicht am Alten kleben!
   Kommst du zu spät, o Mensch,
                      bestraft dich Gott, das Leben.

6. Die Mauer fällt. Weiß Gott, woran ich fortan glaub!
   Wenn **sie** zerfällt, zerfällt ein Staat zu Sternenstaub.

7. Der Turm zu Babel war von biblischem Format.
   Der Mauerbau und -fall entsprang der gleichen Saat.

8. Sie stand nur dreißig Jahr. – Für Gott
                      ein Wimpernschlag,
   der dir als Ewigkeit schwer auf der Seele lag.

Goethe, gestört

Es klopft. Herr Goethe ruft: »Was will Er?«
Die Tür geht auf: »Ach, du bist's, Schiller!
Verzeih, ich dacht, es wär mein Diener;
der klopfte auch, und dann erschien er
– und störte nur. – So geht's mitnichten!
So kann man nicht in Ruhe reimen!«

Goethe, verreist

Goethe war mit Herzog Carl
August nie im Städtchen Marl.
Das ist ungewöhnlich selten
und kann als Geheimtip gelten:

Wenn in Marl man **ohne** Goethe
eine Stadtführung anböte,
wäre das **die** Attraktion!
Welches Städtchen kann das schon?

Auf der Wartburg

Dr. theol. Martin Luther
malt den Teufel an die Wand.
Und dann flucht er (ja, das tut er!),
nimmt das Tintenfaß zur Hand,
schleuderts auf den Teufelsdreck.
Da ist jetzt ein Tintenfleck.

»Und der Fluch?« –

                    »Der ist gebannt.«

Die Nebelkrähe

Seltsam, sagte die Nebelkrähe,
wie ich es auch wende oder drehe,
ich verstehe den Hermann Hesse nicht. –
Obwohl, es ist so ein schönes Gedicht.

Hölty 2011

Üb immer Treu und Redlichkeit
bis an dein kühles Grab,
dann zieht es dich weit vor der Zeit
in selbiges hinab.

GBF

Die *Zigeunertrommel* lesen,
bis man sie hört.
Vom Gesang der Thekenthesen
(übrigens: ganz ohne Spesen)
bist du verstört,
bist du betört.

Gleim in seinem Heim

»In Deutschland gibt es zuviel Heime:
Dossen-, Rüdes-, Heidelheim…,
jedoch entsprechend wenig Reime.
Die Hoffnung, ach, erstickt im Keime«,
so klagte Johann Ludwig Gleim,
als ihm beim zwölften Glase Weim
kein Rein einfiel zur rechten time.

Stabreim

Verliert ein Stabreim seinen Stab,
dann bleibt ihm immer noch der Reim.
An diese goldne Regel hab
ich mich gehalten, sagte Gleim.

Reim oder Nichtreim

Es heißt, ein gereimtes Gedicht
das geht heutzutage kaum

noch. Okay, okay! Bin ja kein Flegel.
Halte mich also an diese Vorschrift.

Das heißt, wer eigentlich schreibt so etwas vor?
Ein Besserwisser? Ein Trottel? Ein Narr?

Vorschriften, nun ja, sind einfach nur lästig!
Also los: Reim dich oder ich verspeise dich!

Lichtenberg an Lavater

Lavater ist ein Widerspruch,
denn *Vater* ist doch maskulin!
So steht's in jedem Wörterbuch. –
Levater macht schon eher Sinn.

Zur Not auch *Lagevatterin.*

Poesie

Das punktuelle Zünden der Welt
 im lyrischen Subjekt

Deutobold Symbolizetti

Nach langem Suchen – endlich Finden!
Es war das *punktuelle Zünden*
der Welt im lyrischen Subjekt:
Inspiration plus Intellekt.

Großschriftsteller unter sich

Heinrich Böll bittet Günter Grass:
»Lieber Günter, erzähl mir mal was!«

Grass, geschmeichelt, zu Heinrich Böll:
»In Dur, lieber Heini, oder in Möll?«

Heini stutzt. Dann ruft er: »Natür!
lich, lieber Günni, natürlich in Dür!«

Friedrich Torberg

»Der Torberg war ein Berg von Tor
mit eigenartigem Humor«,
sagt eine, die es wissen muß:
die Tante Jolesch. – Küß den Fuß,
gnä' Frau, mit dem Sie eben
ihm den verdienten Tritt gegeben.

Am Enzensbergersten

Gäb es einen Enzensberg –
Enzensberger wär schon oben,
um von dort sein Magnus-Werk
in die weite Welt zu loben.

Hänschenklein hält Weltgerichte:
»Poesie«, kräht er, »ist tot!«
Doch er selber schreibt Gedichte
klamm und heimlich, – sapperlot!

Gibt sich sichtlich redlich Mühe,
haut die Leser übers Ohr.
Meinetwegen. Doch ich ziehe
Bundesbahnfahrpläne vor.

Christa und Margarete

Gerhard Wolf fragt seine Christa:
»Was schreibst du denn für 'nen Mist da?«

– »Ich?! Bei Zeus und bei Admete!
Das schreibt doch alles Margarete!«

Replik

Rings nur westkaschubische Gesichter.
Botho Strauß passiert für einen Dichter.

Peter Hacks

Freunde! Ist denn wieder nichts passiert?
Hat denn niemand jemand denunziert?

Hat denn niemand jemand angeschmiert?
Und sich – höchsterfreulich – selbst blamiert?

Wo man hinschaut – nichts als Langeweile!
Nicht mal eine Schadenfreudenzeile!

Halt! Da kommt zur rechten ZEIT ein Fax,
abgeschickt von einem Peter Hacks:

»Freunde! Ich hab jemanden beleidigt,
der sich selbstverständlich nicht verteidigt.

Schuld war maßloses Glenfiddichtrinken
mit der prüden Freundin, einer Linken,

links wie ich, politisch leicht borniert.«
– Doch ansonsten ist nicht viel passiert.

Aus Brechts Arbeitsjournal

Freitag, 13. Oktober 1953

In Buckow am Schermützelsee
nahm ich exact um five o'clock
den heißgeliebten China-Tee.
Dann zückte Bleistift ich und Block
und schrieb: »Der Tee muß länger ziehn!
Drum gibt's heut keine Elegien.«

PS
Auch das Gebäck war etwas fade, –
Grund zwei für meine Schreibblockade.

Nonsenso

Unter einer Prachtplatano
sagt Brentane zu Fontano:
»Hör mal, wie Platano rauscht,
weil wir e und o getauscht!«

»Laß sie rauschen«, sagt Fontane,
»denn, Brentano, die Platane
rauscht, wenn du genau hinlauschst,
auch, wenn du rein gar nichts tauschst.«

Akzentsetzung

Unerträglich, diese Demse!
Doch Storm sei Dank gibt's den Im*mensee*.

Laßt alles liegen, alles stehn:
In diesem See laßt uns ba*den!*

Wer diesen See, der a) erquickt,
dazu noch liest, der ist b) glückt.

Alterthümliche Anthologie
(Mit »th« wie »Brathering«)

In einer Antho*logie*
(nicht diese, nein, 'ne vorige)
las ich gereimte Sinn-Ver*se*,
die der, wer wollen will, versteh.

Drum schlug ich die honorige
schwer lesbar Antho*logie*
mit lautem Krach und voller Wu,
mit T und hater wieder zu.

Ich sage euch: Nur Torige
verstehn die Antho*logie*
mit Dichtungen von Z bis A
und »Brathering« noch mit »th«.

Regenschirm und Nähmaschine

Ein Regenschirm begegnet einer Näh-
maschine auf einem Seziertisch.
Lautréamont ersann's und wußte jäh:
Solch Ding ist mehr als realistisch,
und löste mit verzögertem Applaus
somit den Überrealismus aus.

Auf den Hund gekommen

Ein Hund (Zitat!) von Rezensent
zieht, weil man ihn (den Hund!), nicht kennt,
ganz hundsgemein und grob vom Leder:
»Jetzt«, triumphiert er, »kennt mich jeder!«

Chiasmus

Zwei Hexen ritten durch den Wald,
die Hexen alt, die Besen jung.
Nein, umgekehrt! Entschuldigung!
Die Besen jung, die Hexen alt.

Don Juans Stoßgebet

Die Frauen flieg'n mir nur so zu.
Ich bitte euch, laßt mich in Ruh!

Hab sie der Reihe nach betrogen. –
Sie kommen weiter angeflogen.

Wenn Frauen doch nicht fliegen könnten!
Und mir ein wenig Ruhe gönnten.

Merk dir 1

Zahlenspiele geh'n ent2,
wenn man nicht einmal bis 3
zählen kann. Drum merk dir 1:
Mehr als 1 ist manchmal k1.

Reimregel

Herz auf Schmerz, – das geht nicht mehr.
Also muß was andres her!
Nimm das Gegenteil, nimm herz-
los und reime es auf Schmerz!

Political correctness

Liebe Literaten und Literatten,
erlauben Sie mir, mir zu gestatten,
daß ich an dieser hehren Stelle
politisch korrekt einen Antrag stelle:

In unserem SchriftstellerInnenverein
sollten fünfzig Prozent AnalphabetInnen sein!
Wer dafür ist in diesem Verband,
die hebe seine linke Hand!

Franz von Assisi lädt zur Lesung

Alle, die zur Lesung kamen,
lasen Körner, lasen Samen.

Und der heil'ge Franz sagt: Amen.

II

Tierisches, Allzutierisches

Nonsens
ist, wenn's
endlich Frühling wird im Lenz.

Hermann Lenz

(Oder war's Hermann Löns?)

In Goslar

Es war im winterlichen Goslar,
da fand Hans Dampf ein weißes Roßhaar,
weiß glänzend wie der Mond am Himmel.
Es war das Haar von einem Schimmel.

»Ein Roß hat dieses Haar verloren«,
sprach er und gibt sich selbst die Sporen
und galoppiert mit seinem Roßhaar
die halbe Nacht durchs kalte Goslar.
Doch nirgendwo ein weißes Pferd,
dem dieses weiße Haar gehört.

»Mein Gott«, denkt er, »was mach ich bloß?« –
Doch da! Da steht's: »*Zum weißen Roß*«.
Nichts wie hinein und an die Bar:
»Vermißt das weiße Roß ein Haar?«
fragt er und spekuliert auch schon
ganz nebenbei auf Finderlohn.

Der Wirt, der nicht von Dummsdorf war,
betrachtet haargenau das Haar.
»Du hast, sagst du, das Haar gefunden?«
fragt er. Dann ruft er unumwunden:
»*Gestohlen* hast du es, du Schuft!«
und setzt ihn an die frische Luft.

Da saß er nun mit seinem Roßhaar
im kalten, winterlichen Goslar.

Der Eselstreiber

Ein Eselstreiber will – na? – richtig! – will nach Wesel.
Der Weg ist weit; er schwingt sich auf den letzten Esel.
Der Weg ist weit; er zählt die Tiere:
eins, zwei, drei; es sind nur viere!
Das Auge roll, die Nase rümpf,
da springt er ab; jetzt sind es fünf!
Schwingt wieder sich aufs letzte Tier,
zählt noch mal durch: es sind nur vier!
Das Auge roll, die Nase rümpf,
springt noch mal ab: sind wieder fünf!
So geht das ständig auf und ab
und hält den Treiber schön auf Trab.
Der Weg ist weit; die grauen Esel,
sie trotten weiter – Richtung Wesel.
Und auf und ab und ab und auf:
mal vier, mal fünf. Die Haare rauf!
Die Nase rümpf, das Auge roll,
die Sache, die wird gar zu toll.
Sitzt wieder auf dem letzten Tiere,
zählt noch mal durch und kommt auf viere.

Da kommt auf Gottes Segenswegen
ein Mann aus Wesel ihm entgegen.
Der Weg war weit; er grüßt den Reiter
des letzten Esels und will weiter.
»Halt! Warte, Bruder, trau, schau, wem:
Ich hab ein riesiges Problem!
Der Weg ist weit; ich will nach Wesel
und zähle ab und an die Esel.

Sitz ich auf diesem letzten Tier
und zähle durch, dann sind es vier.

Ich springe ab, die Nase rümpf,
zähl wieder durch, da sind es fünf!
Das Auge roll, die Haare rauf,
ich springe ab, ich schwing mich auf.
Ach bitte, sei behilflich mir:
Wie viele sind's, fünf oder vier?«

Der Mann aus Wesel
war kein Esel.
Im Gegenteil, er hat Humor
und legt ihm **seine** Rechnung vor:
»Mein lieber Freund, ich zähle sechs!«
– Der Eselstreiber war perplex.

Die Rast

Ein Vogel
lacht sich einen Ast,
setzt sich drauf
und macht dort Rast.

Heuverschnupft

Im Frühling, wenn die Pappelpollen
durch die Lindenlüfte tollen,
wenns gießt und fließt,
wenns sprießt und schießt,
und wenn die Pusteblume pustet,
wird jedem, der mich freundlich grüßt,
was geniest
und was gehustet.

Die Kuh

Im warmen Stalle mampft die Kuh
ihr frisch gemähtes Gras: Héu.

Warum Héu? Das wär mir neu.
Was Kühe fressen, heißt doch: Heu.

»Des Reimes wegen«, muht die Kuh,
heißt, was ich fresse, halt: Héu.

Doch das, was ich dann wiederkäu,
das heißt des Reimes wegen Heu.«

Logik

Zwei Krähen,
ich konnte es ganz genau sehen,
unterhielten sich unter vier Augen.
– Ein Beweis, daß Sprichwörter doch was taugen.

Der Rabe und die Krähe

Der Rabe schmeichelte der Krähe:
»Mein Gott, wie gut ich dich verstehe!«
Die Krähe antwortet dem Raben:
»Weil wir uns nichts zu sagen haben.«

Das Lama

Von einem Lama ging die Fama,
sein Vater sei der Dalai Lama.

»Na und!«, sagte das Lama,
»das ist ja wohl kein Drama!
Was andres wär es mit Usama!«

Jonas und der Fisch

»Wo gibt's denn sowas!«,
beklagte sich Jonas,
als ihn der Fisch verschluckt.

Der Fisch darauf: »O.K.!«
und hat bei Ninive
ihn wieder ausgespuckt.

Der Igel im Spiegel

Langohr schaut in einen Spiegel.
Und was sieht er? – Einen Igel!
Prompt denkt er ans Igelpärchen
aus dem Brüder-Grimmschen Märchen,
wie sie ihn zu Tode hetzten
und in seinem Stolz verletzten.

»Wartet nur, für diese Qualen
werdet ihr mir jetzt bezahlen!«,
rief der Hase, und er nahm,
weil die Wut ihn überkam,
erstens Rache, dann den Spiegel
und zertrümmerte den Igel.

Liebesgedicht

Ein langer, schmaler, dunkler Flur
sprach: »Liebe Tür, ich habe nur
den einen Wunsch: Bleib offen stehn
und laß die schöne Flur mich sehn.«

Mücke und Elefant

Dreht euch um und schaut zurücke:
Da, die unscheinbare Mücke
war einmal ein Elefant,
viel bestaunt und weit bekannt.

Der Elefant im Porzellanladen

»Nur herein, Herr Elefant!
Schaun Sie mal, wie elegant!
Das ist echtes Meißner Por–
Achtung! Sehn Sie sich doch vor!
– Meißner Porzellan gewesen...«

Scherben bringen Glück und – Besen.

Bärenherz

»Mein Herz ist schwer«
erklärt der Bär.
»So übern Kamm
eintausend Gramm.«

(Der Bär verwechselt Kamm mit Daumen,
wie unsereiner Obst mit Pflaumen.)

Unvollendete Geschichte

Ein Gedicht von nur vier Zeilen
muß sich meistens sehr beeilen. –
Nehmt die Geschichte eines Bärs:
Der wollte grade…
                    So, das wär's.

Die Katze

Die Katze kommt zu uns zum Fressen.
Frißt. – Schon hat sie uns vergessen.

Die Katze kommt zu uns zum Spielen.
Spielt. – Und ab, zu neuen Zielen.

Die Katze kommt zu uns zum Schlafen.
Schläft. – Und raus. – Will sie uns strafen?

Die Katze dankt, genau genommen,
uns höchstens durch ihr Wiederkommen.

In Flandern

Im nördlichen Flandern
glich ein Ei dem andern.
Das waren zur Feier
eineiige Eier.

Wortgewitzel

Das Kalbskotelett heißt Kalbskotelett,
weil es vom Kalb ist. Wenig Fett!

Das Schweineschnitzel ist vom Schwein.
Wie sollte es denn anders sein!

Doch neulich, pfui, welch Wortgewitzel! –
lud man mich ein zum Jägerschnitzel.

Zwei Salamander

Zwei Salamander
saßen nah beieinander.
Kam ein dritter noch ran da,
gingen alle auseinander.

III

Flurbereinigung

Nonsens
ist, wenn's
abwärts geht bei steigender Tendenz.

Wahlkommentar

(Kontrovers und dennoch wahr)

Deutsche Wertarbeit

Was überall und weit und breit
seit jeher am begehrtesten,
das heißt, die Deutsche Wertarbeit,
die ist am Allerwertesten.

Genitive

»Was hat da gekracht?
Wer hat das gemacht?«

– »Der Wächter der Nacht
im Rocke des Schlafes.«

– »Ach so. Na, der darf es,
der Kopf eines Schafes.«

Bäckerhierarchie

Ein Blick genügt, denn schließlich ist er Meister:
»Das ist kein Teig!« flucht er, »das ist ein Kleister!«

»Mit solchem Kleister«, droht er dem Gesellen,
»wirst du den dümmsten Kunden noch verprellen!«

Und der Geselle? – Schnappt sich gleich den Lehrling
»Du bist kein Lehrling! Du bist ein Entbehrling!«

Der holt sich die Papiere ab beim Meister. –
Auf solche Ausbildung – kann er verzichten.

Die Quotenfrau

Da oben an der Spitze, schau,
da sitzt bei uns die Quotenfrau.

Was sie da macht? – Sie sammelt Voten
für immer neue Frauenquoten.

Im Café

Ich lese Zeitung,
mal die, mal die.
Musikbegleitung
stört dabei nie.

Doch kommt eine Blonde,
ist es vorbei
mit ZEIT und Le Monde
und Reimerei.

Park der Jugend

Unerhört, diese Bengels:
Dort am Rande des Parks
skandieren sie E-n-g-e-l-s
vor der Büste von Marx.

Verbockt

Keiner geht, alles joggt.
Keiner tanzt, alles rockt.
Keiner spart, alles zockt.
Keiner schreibt, alles bloggt.

Die Jugend verstockt,
das Alter geschockt.
Wer hat uns das eigentlich eingebrockt?

Antwort

Do you remember,
fragt er mit Effet,
den elften September?

– Ja, Malplaquet.

Umsonst

Das Mitleid pochte leis ans Tor:
»Erbarmen! Habt für mich ein Ohr!«
Von drinnen wurde ihm Bescheid:
»Verschwind! Hier wohnt das Selbstmitleid!«

Theosophie

Zuerst war da
die Theorah.
Auch schon passé:
die Theoree.
Le dernier cri:
die Theorie.
Und weiter so
per Theoroh
dem Ende zu
zur Theoruh.

Verteufelt

Da fragte mich der Teufel: »Wem
gehört denn nun Jerusalem?«

»Tja«, sag ich, »das ist das Problem,
ob Jude, Moslem oder Christ…«

Der Teufel feixt: »Hauptsache Zwist!
Dann lassen wir es, wie es ist.«

Der wahre Grund des Brudermordes

Kain verlangt von Abel:
»Erzähl mal eine Fabel!«

Abel sprach zu Kain:
»Mir fällt da gar nichts ein.«

Kain, von Wut entbrannt…

Nun – das Ende ist bekannt.

Ringparabel
oder
Christ, Buddhist und Atheist

»Bist du Buddhist?«
fragte der Christ.

– »Ja, das ist meine Konfession!«

»So tauschen wir mal die Religion:
Du wirst jetzt Christ
und ich Buddhist, –
und so bleibt alles, wie es ist:

Es gibt weiter genau soviel Christen
auf dieser Erde wie auch Buddhisten
zum großen Ärger der Atheisten.«

Am Frühstückstisch

Der Ehemann grollt zornig:
»Wo ist denn nur der Hornig?«

– »Der Hornig? – Gibt's nicht, schade!
Hier, nimm die Marmelade!«

Napoleons Flucht aus Rußland

Napoleon floh
incognito
statt nach Paris nach Waterloo,
und das kam so:

Er nannte sich damals Reneval,
der aber war nicht ganz normal,
denn er lenkte sein Pferd,
völlig verkehrt
und ganz ohne Grund, einfach nur so,
statt nach Paris nach Waterloo,
womit er sich aufs höchste blamiert. –
Napoleon wäre das nie passiert!

Und plötzlich war der große Napo-
leon wieder klein. Aber – ohne oho!

Volkslied

In Heidel auf dem Berge
stand einst ein schönes Schloß.
Doch dann: Ruinen, Särge, –
französisches Geschoß.

Vergangen sind die Zeiten. –
Jetzt schauen Erb und Feind
gemeinsam in die Weiten,
touristisch-tumb vereint.

Alt-Heidelberg

Erinnerst du dich noch, Konstanze,
an unsre Frühlingsnachtromanze
im lauen Heidelberg am Rhein?

Es war am Neckar in Schaffhausen!
Ich denke an den Fall mit Grausen.
Und – es war Winter obendrein.

Der R(h)einfall war doch an der Elbe!
Und das ist keinesfalls dasselbe,
denn das war in Berlin!

In München wars! Und an der Havel!
Jetzt reicht mir aber dein Geschwafel,
mein lieber Konstantin!

Tips für Altmarkttouristen

Zuallererst merk dir drei Dinge:
Kommst du nach Salzwedel, dann singe!

In Bismark frag den Lüdecke:
»Jetanzt wird, bisde müdecke!«

In Stendal aber tanz *und* singe,
damit dein Aufenthalt gelinge!

So widerlegt hier jede Landstadt
den Irrtum *Marchia non cantat.*

St. Endal

Ick fuhr im Erster-Klasse-Sofa
mit so 'nem Typ aus Alt-Hannover,
det heeßt, mit so 'nem mit s-t,
wie »s-tur« und »s-teif« und »ick vers-teh«,
von Alt-Hannover nach Berlin,
wo ick, pardon, zu Hause bin.

Mensch, war der vornehm, sag' ick dir!
Ick wundre mir, ick wundre mir.
Sitzt s-tock und s-teif uf seenem Platz
und bastelt an 'nem ersten Satz.

In Stendal ham wa Aufenthalt…
Warum ooch nich? Det läßt mir kalt.

Der Halt in Stendal zieht sich hin…
Den ersten Satz! – Da hat er ihn:

»Wie heißt wohl diese schöne S-tadt,
die soviel Kirch- und türme hat?
Da s-teht es ja auf jenem Schilde:
Ja, S-tendal! Jetzt bin ich im Bilde.«

Ick muß schon sagen, det s-t,
det tat mir in de Lauscher weh:
»Det heeßt nich S-tendal mit s-t!«
belehr ick ihm ufs schärfste, »nee!
Wat det s-t hier anbelangt,
so heeßt det hier janz einfach Sankt!
St. Endal, weil die schöne S-tadt
soviele Kirch- und türme hat!«

Wir setzten unsre Reise fort.
Er s-wieg und s-prach kein einzig Wort.

Ansichtskarte

»Da kommt ja meine Ansichtskarte,
auf die ich schon so lange warte!«
ruft triumphal das Altpapier.
»Herr Postbote, hier, bitte hier!«

Der Quasselstrippe

»Sind Sie«, fragt sie, »noch in der Leitung?«

Ich bin geschockt und frage: »Wo?! –
Ich war inzwischen mit der Zeitung
für zehn Minuten auf dem Klo.«

»Ach so«, sagt sie, »na, wie belieben!
Wo also war ich stehngeblieben?«

In der Aula

»Meine sehr geehrten Damen
und Herren, die Sie hierher kamen,
um meinen Vortrag über Möhren
en gros & en détail zu hören…

En gros gehör'n dazu auch Bohnen,
und sicher würde es sich lohnen,
auch darüber zu referieren,
doch darf ich keine Zeit verlieren,

denn Erbsen sind genauso wichtig
wie Möhren, äh, ach so, ja, richtig… –
Soviel zu Erbsen und zu Bohnen,
damit will ich Sie hier verschonen;

das führte hic et nunc zu weit,
und nicht nur dafür fehlt die Zeit,
auch für die Möhren reicht's nicht mehr,
wie ich grad sehe. – Danke sehr.«

Was im Monat Mai geschah

Es war im schönen Monat Mai
in Göttingen am Flüßchen Lei-
ne, wo die Universität
nicht weit vom Leineufer steht,
wo, wie gesagt, im Monat Mai,
doch auch in andren Jahreszei-
ten, wie zum Beispiel im April,
der macht bekanntlich, was er will…

– Ich auch! Denn mir ist's einerlei,
was hier geschah im Monat Mai.

Grammatikregel

Ich, du, er und wir, ihr, sie
regieren stets, doch meistens nie,
wenn überhaupt, den fünften Fall. –
Die Regel gilt nicht überall.

Lehre und Ehre eines Ministers

Polizisten mußt du prügeln!
Auf Demos – zack! eins überbügeln!
Das wird dir später einmal nützen,
wenn sie dich vor den deinen schützen.

Die List der Geschichte

Ohnesorg starb durch die Stasi.
Das heißt, daß 68 quasi
ein Resultat der Stasi ist.
– Das nennt man der Geschichte List.

Was wäre, wenn, und ohne Aber...
Das ist doch alles nur Gelaber!
Manch Lump verdankt halt, was er ist,
ausschließlich der Geschichte List:

Da wird ein Spießer und Philister
Regierungsrat, ja gar Minister!
Auf seinem Mist gewachsen ist
letztendlich der Geschichte List.

Dem verdutzten Sohn

Nun hör mal her, mein lieber Sohn,
ich weiß nicht, sagte ich dir schon,
daß ich vielleicht dein Vater bin?
Ganz sicher bin ich mir da nicht,
denn so ein dämliches Gesicht
wie deins,
Karl-Heinz,
das macht genetisch keinen Sinn.

Karl

»Soweit ich weiß, ist Karl
verreist. Doch nicht in Marl.«

– »Vielleicht ist er in Arles?«
– »Ich bitt dich! Doch nicht Karl!«

– »In Arles nicht, nicht in Marl –
mehr reimt sich nicht auf *Karl*.«

– »So? Schau mal, auf dem Arl-
berg, wer da winkt! – Der Karl!«

Börsenbarometer

Wenn von allen Bewohnern
nur zehn Prozent bohnern,
und die bräuchten nur zehn Kilo Bohnerwachs, –
das triebe den Dax
wenn ich richtig sehe,
gewaltig in die Höhe.

Gelänge es, die zehn Kilo Bohnerwachs
auf sieben Kilo zu verringern,
dann käme der Dax
gewaltig ins Schlingern.

Bei zwei oder drei Kilo Bohnerwachs
– so eine Studie der Uni St. Gallen –
würde der Dax
abgrundtief fallen.

Würde jedoch von allen Bewohnern
keiner mehr bohnern,
dann schmölze der Dax
wie in der Sonne das Bohnerwachs.

Wege aus der Finanzkrise

(Zu singen nach der Melodie:
»Wenn der Topf aber nun ein Loch hat...«)

Gibt's ein Rezept in dieser Krise?
– Na klar! Studiert den Adam Riese!

Verstopft das Loch in eurem Topf
fest mit dem Stroh aus eurem Kopf!

So lautet Regel Nummer eins:
Das Stroh im Topf – im Kopfe keins.

Vergrabt den Topf samt Stroh im Garten,
und dann – wie Kostolany –: warten!

Denn Regel zwei nach Adam Riese:
Wer wartet, übersteht die Krise.

Ist euer Füllhorn leer vom Aasen,
könnt ihr darauf noch Trübsal blasen!

Das ist die Regel Nummer drei:
Macht's beste aus der Schweinerei.

Die Krise in der Wiese

Ich liege in einer Juniwiese.
Erholung? – Von wegen! – Die Schuldenkrise
bringt mich auch hier, selbst hier, auf die Palme:
Sind's zehn oder hundert Milliarden Halme?

Der Mond und sein Gürtel

Der Mond, bei seinem ersten Viertel,
er lockert schon mal seinen Gürtel.

Ist er beim Halben angelangt,
hat dieser Gürtel abgedankt.

Ach, der Dreiviertelmond ist queer:
Er hält sich für ein Gürteltier.

Der volle Mond sucht kreuz und quer
den Gürtel tief im Wolkenmeer.

Seht nur, wie da die Frau im Mond
am Himmel mit dem Gürtel thront!

Schon setzt es Prügel mit dem Gürtel
vom Nullmond bis zum nächsten Viertel.

Politik

Das Schwein sagt: Nein!
Der Koch sagt: Doch!

Und Gott?: So what!

Für Morgenmuffel

Der Morgen graut. Mir graut davor.
Drum hau ich mich noch mal aufs Ohr.

Gesagt – getan. Ich haue drauf.
Schon bin ich wach und stehe auf.

Kurzer Prozeß

Ich frage den Wald:
»Sag mal, wie alt?«
Doch der steht schwarz und schweiget.
Drum kurzerhand
ihn abgebrannt,
noch ehe der Abend sich neiget.

Hor(r)oskop

Heut geht mir gar nichts von der Hand.
Heut setz ich alles in den Sand.
Ich weiß, woran das liegt, gottlob!
Da steht es ja im Horoskop:
»Heut geht dir gar nichts von der Hand.
Heut setzt du alles in den Sand.
Am besten ist, du läßt den Sand
ganz einfach rinnen durch die Hand.
– Noch eins: Das Horoskop von morgen
mußt du dir unbedingt besorgen!«

In Meißen

Leute, ich fühle mich heute prima!
Woran das wohl liegt?
Vielleicht liegt's am Klima?

Leute, ich bin heute wirklich gut drauf!
Woran das wohl liegt?
Am Weltenlauf?

Leute, ich könnte heut Bäume ausreißen!
Woran das wohl liegt?
Vielleicht liegt's an Meißen?

Schon höre ich Porzellan zerschellen:
Mir schwant was von Depressionsanfällen.

Polygenese

Tabu keins

Die Kastanienerektion,
schreibt Rühmkorf, Peter, gab es schon,
hart und stramm und nur bei mir!

– Langsam, langsam, schwarzer Peter!
Laß dein kleinliches Gezeter!
Polygenese heißt's Panier!

PS

Auch war ich niemals Germanist,
sowenig wie du Deichgraf bist.
– Hüt du nur deinen Haufen Mist!

Der Skomoroche

Er hat die Glut in ihr entfochen
und ihr dann dies und das versprochen:
die Ehe und noch andre Sochen.
Doch dann hat er sein Wort gebrochen.

Sie hat ihn doch so gern gemochen!
Und ist ihm auf den Leim gekrochen.
Ein müßte man den Lumpen lochen!
– So flucht der Sohn des Skomorochen.

Generationswechsel

Von Friedrich dem Großen
und wie er sich einstmals am Tischbein gestoßen,
will die Jugend von heute ja gar nichts mehr hören.
Schade. Denn es gibt wenig Interessanteres
und kaum etwas Unbekannteres
– das kann ich beschwören! –
als die Begegnung von Tisch und Bein
im Flötenkonzert bei Kerzenschein.

Friedrich dem Großena

O GROSSER FRITZ! Darf ich's wa*gena*,
DIR meine Zweifel zu sa*gena*?
Nicht übel darfst DU's mir neh*mena*,
jedoch: »tra*gena*« und »ge*bena*« –
das paßt doch nicht ins deutsche Schema!
Ich bitt DICH, FRITZ, das ist kein Thema!

Im Doppelpack

A. Lebenslänglich

Per Geburt gleich die Bescherung:
Lebenslänglich, auf Bewährung.

B. Visionen

»Wir brauchen wieder mehr Visionen!«
– »Nur zu! Laßt uns die alten klonen!«

C. Maulheld, kleinlaut

Der Maulheld wird zum Schluß ganz kleinlaut,
wenn man ihm richtig eine reinhaut.

D. Goethe

Faust und Margarete –
was wärn die ohne Goethe!

E. Dialektik

Ist der eine aus dem Häuschen,
lacht der andre sich ins Fäustchen.

F. Größenwahn

Ich schlug ihm vor: Napoleon!
Er winkte ab: Der war ich schon.

G. In Uelzen

»Herr Schaffner, ist das hier Riesa?«
– »Nein, Pisa!«

H. Brecht, dialektisch

Wer erbaute das siebentorige Theben?
Die, die es jetzt als Touristen erleben.

I. Adams Rippe

Aus Adams Rippe
entstand Xantippe.

K. Die Bibel auf Neudeutsch

Wer schuf den aktuellen Bibeltext?
– Herr Ballhorn war es. Please the next!

L. An X.

Mit seinem Roman geh gern ich zu Bette:
Es gibt keine bessere Schlaftablette.

M. Taube Nuß

Manch eine stolz geknackte Nuß
schafft, weil sie taub, doch noch Verdruß.

N. Das Schwein

Das Schwein, wie's grunzt,
hält es für Kunst.

O. Testament

Auf dem Sterbebett die Lehre:
Der Geburtsschrei ging ins Leere.

Aus der antiken Welt

Klassischer Dialog

»Na, wie geht es?«
fragte Thetis.

»Wie Zeus es will«,
brummte Achill.

Doppelte Warnung

Über mancher Hochzeitsfeier
schwebt das Schwert des Damokles
wie ein schwarzer Pleitegeier, –
wußte schon Demosthenes.

Federn lassen

Brautbriefe mit der Schwanenfeder
hinhauchen, – das kann jede, jeder.

Später schreibt man dann entweder
mit Gänse- oder Rabenfeder.

Der Kaffer Lear

Anna Naß und Rosi Nante
waren elegante Damen,
die er beide recht gut kannte,
weil sie öfter zu ihm kamen.

Warum sie kamen, sagt euch schon
das Kafferlearswort *Diskretion.*

Marie Huana, Lotte Rie…. –
So ging das weiter, – aber wie!

Ich sage euch, das ist der Lohn
für Kaffer Lears Top-Diskretion.

An der Grenze

Fünf Typen sitzen im Coupé,
zweiter Klasse, TGV.
Kommt der Schaffner: »S'il vous plaît,
wechseln Sie jetzt das Coupé,
ohne aufzustehen, weil,
dies hier ist jetzt ein Abteil!«

Zurück natürlich ICE!
Moi, j'comprends (heißt: ich versteh).

Fünf Typen sitzen im Abteil
auf der Rückfahrt, alldieweil
le contrôleur die Tür aufschiebt:
»Messieurs, Dames, wenn es beliebt,
wechseln Sie jetzt das Abteil,
ohne aufzustehen, weil,
dies hier wird ein compart'ment.
Merci bien und vielen Dank!«

Bauernregel

Wenn es regnet
und dir ein Mädchen mit Schirm begegnet,
und sie geht vorüber, läßt dich im Regen stehn, –
tröste dich: Auch der Regen wird vorübergehn.

Wenn es aber nicht regnet
und dir kein Mädchen begegnet,
und sie hat auch keinen Schirm dabei, –
nun, dann ist sowieso alles einerlei.

Das Gute, das Schöne, das Wahre

Von der Wiege bis zur Bahre:
das Gute, das Schöne, das Wahre.

Immer wieder diese Töne:
das Wahre, das Gute, das Schöne.

Dieses Dreifachhochgetute:
das Schöne, das Wahre, das Gute.

Was aber trägt das Weltgefüge?:
das Böse, das Häßliche, die Lüge.

Epilog
oder
Offenbarungseid

Mein Gedicht ist meine Währung,
ausgegeben auf Bewährung:
Neun verkaufte Exemplare
(davon eins nach Saloniki!). –
Das reicht nicht mal für die Bahre.
Nur für s Ehrengrab bei Wiki-
pedia. (Auch nicht das Wahre.)

Anmerkungen

S.19: Schillers Horen – Erstdruck in »die horen«,
Bd.4/2009, S.147.
Horen – die griechischen Göttinnen der Jahreszeiten; bei
Hesiod die drei Göttinnen der Gesetzmäßigkeit,
Gerechtigkeit und des Friedens: Eunomia, Dike und
Eirene. Nike – Göttin des Sieges.

**S.20: Friedrich Schiller und Gottfried August
Bürger** – Erstdruck in »die horen«, Bd.4/2005, S.179.

S.22: Der cherubinische Wandersmann – Tempora
mutantur (, nos et mutamur in illis) – Die Zeiten ändern
sich (, und wir ändern uns mit ihnen) – Ausspruch
Kaiser Lothars I. (795 – 855).

S.25: Hölty 2011 – »Üb immer Treu und
Redlichkeit…«: Aus dem Gedicht »Der alte Landmann
an seinen Sohn« von Ludwig Christoph Heinrich Hölty
(1748 – 1776).

S.25: GBF – Günter Bruno Fuchs (1928 – 1977), des-
sen Gedichtsammlung »Zigeunertrommel« 1956 erschie-
nen ist.

S.28: Poesie – Symbolizetti, Deutobold, Pseudonym
von Friedrich Theodor Vischer (1807 – 1887).

S.30: Christa und Margarete – Admete: Priesterin
der Hera.

S.32: Nonsenso – Clemens Brentano (1778 – 1842);
Theodor Fontane (1819 – 1898). Das Gespräch der bei-
den soll am 26. Juni 1841 in Berlin *Unter den Platanen*
stattgefunden haben.

Das Gedicht wird von Literaturwissenschaftlern gern zur Unterscheidung von Romantik und Realismus herangezogen.

S.34: Regenschirm und Nähmaschine –
Lautréamont, Comte de, d.i. Isidore Lucien Ducasse (1847 – 1870); er beschrieb »die blinden Beliebigkeiten des literarischen Surrealismus« als »das zufällige Zusammentreffen eines Regenschirms und einer Nähmaschine auf dem Operationstisch«.

S.34: Auf den Hund gekommen – Jede Ähnlichkeit oder Unähnlichkeit mit lebenden Personen oder toten Hunden wäre rein zufällig oder frei erfunden.

S.35: Chiasmus – Kreuzstellung von Satzgliedern; nach dem griechischen Buchstaben Chi = X.

S.57: Park der Jugend – Erstdruck in »die horen«, Bd.4/2006, S.163.

S.58: Antwort – Erstdruck in »die horen«, Bd. 4/2006, S.164.
Malplaquet – Dorf im französischen Departement Nord. Hier wurden die Franzosen im Spanischen Erbfolgekrieg von den verbündeten Engländern und Österreichern am 11.9.1709 besiegt. An der Schlacht nahm als Kronprinz auch der spätere preußische König Friedrich Wilhelm I. (1688 –1740) teil.

S.64: Tips für Altmarktouristen – Erstdruck in »Stendaler Volksstimme«, 25.6.2011. – Wilhelm Lüdecke: Altmärkischer Komponist, Kapellmeister und Musikverleger (1869 – 1938).

S.69: Die List der Geschichte – Benno Ohnesorg, Student der Germanistik und Romanistik, (1940 – 1967), erschossen von dem Westberliner Polizeibeamten Karl-Heinz Kurras, Mitglied der Ostberliner SED und Informeller Mitarbeiter (IM) des Ministeriums für Staatssicherheit (*Stasi*).

S.72: Wege aus der Finanzkrise – André Kostolany (1906 – 1999), Börsen– und Finanzexperte.

S.77: Der Skomoroche – Skomoroche, der – russ.: Spielmann, Possenreißer;Vagant, auch: kleiner Gauner; Taschen– und Puppenspieler.

S.78: Friedrich dem Großena – Friedrich II., der Große, preußischer König (1712 – 1786). Er hatte vorge-schlagen, die Deutschen sollten, damit ihre Sprache klangvoller und melodischer werde, ihre Verben mit a-Endungen versehen: »sagena, gebena, nehmena: diese Laute tun dem Ohre wohl.«

S.81: Aus der antiken Welt – Thetis – eine Meergöttin; die Mutter des Achill. Sie tauchte nur aus den Fluten auf die Oberwelt auf, um ihrem Sohn Achill zu helfen.
Demosthenes – der bedeutendste griechische Redner (384 – 322 v.Chr.).

Zum Autor

Wolfgang Eschker,
geboren 1941 in Stendal/Altmark.
1959 Abitur am dortigen Winckelmann-
Gymnasium. Studium der Slavistik und
Deutschen Volkskunde in Göttingen,
Wien, Belgrad und Sarajewo; Dissertation
über bosnische Liebeslieder. Mehrjährige
Aufenthalte für das Goethe-Institut in
Frankreich, Jugoslawien und Kroatien.

Er schreibt Prosa, Lyrik und Aphorismen.
Für seine literarischen Veröffentlichungen
erhielt er mehrere Preise und Stipendien.
Er lebt heute in Bovenden bei Göttingen.

Inhalt

Impressum

Alle Rechte vorbehalten
© 2012 Gollenstein Verlag, Merzig
www.gollenstein.de

Buchgestaltung und Satz: Timo Pfeifer unter Verwendung
von Stichen von Jacques Callot
Schrift: Bodoni und Quay
Papier: Munken Print Cream, 1,8-fach 115 g
Druck und Bindung: Nalbacher Druckhaus

Printed in Germany
ISBN 978-3-86390-001-4